Ich liebe Dich
Meine Zettelchen an Dich

AF219771

FSC

www.fsc.org

MIX

Papier aus ver-
antwortungsvollen
Quellen
Paper from
responsible sources

FSC® C105338

Mutter Hautberg

Ich liebe Dich

Meine Zettelchen an Dich

Bibliografische Information der Deutschen Nationalbibliothek
Die Deutsche Nationalbibliothek verzeichnet diese Publikation in der Deutschen Nationalbibliografie; detaillierte bibliografische Daten sind im Internet über http://dnb.d-nb.de abrufbar.

ISBN   9783755793212

7,99 Euro

He, psst,

dieses Buch ist super und piekfein. Du kaufst es ganz einfach und legst es in Euern Flur.
Es dient Dir dazu, dort immer wieder Komplimente für Deine Frau zu hinterlassen.
Das was man sonst als liebe Zettel irgendwohin klebt, dass landet nun hier in diesem Buch.

Stell Dir vor, Du gehst zur Arbeit und hinterlässt noch ein kleines Herzchen und ein paar liebe Worte.
Vielleicht auch mal ein: „Letzte Nacht war hart und gut", oder ein „Ich freu mich später auf Dich".
Oder Du schreibst 1000 mal „Ich liebe Dich" hinein.

Du kannst es auch als Eisbrecher nutzen. Einfach zum Date mitnehmen, überreichen und mitteilen: „Wenn ich das Buch füllen soll, müssen wir zusammenkommen".

Auf jeden Fall soll sie mindestens einmal pro Woche etwas in dem Buch finden. Etwas Liebes, Tolles und auch mal einen kleinen Gutschein.

Ich bin mir sicher, Dir fällt etwas ein.

(Diese Seite reiße heraus.)

Beste Grüße
Robert (Mutter Hautberg)